J E F
Burs
The land of

AUG 2011

KILGORE MEMORIAL LIBRARY YORK, NE 68467

Spanish-1.9
Arleva 2.1

Spanish-1.9
R.L. 2.1

Spanish - 1.9
R.1.2.1

Spanish-1.9
Ar.ke.v.2.1

THE LAND OF LOST THINGS

EL PAÍS DE LAS COSAS PERDIDAS

Written and illustrated by
Escrito e ilustrado por

Dina Bursztyn

PIÑATA BOOKS

Piñata Books
Arte Público Press
Houston, Texas

Publication of *The Land of Lost Things* is funded by grants from the City of Houston through the Houston Arts Alliance. We are grateful for their support.

Esta edición de *El país de las cosas perdidas* ha sido subvencionada por la Ciudad de Houston por medio del Houston Arts Alliance. Les agradecemos su apoyo.

Piñata Books are full of surprises!
¡Piñata Books están llenos de sorpresas!

Piñata Books
An Imprint of Arte Público Press
University of Houston
452 Cullen Performance Hall
Houston, Texas 77204-2004

Cover design by Mora Des!gn

Bursztyn, Dina.
The Land of Lost Things / written and illustrated by Dina Bursztyn = El país de las cosas perdidas / escrito e ilustrado por Dina Bursztyn.
    p.   cm.
Summary: When he looks for his missing blue pencil, a boy enters a strange new world which contains some very familiar objects.
English and Spanish.
ISBN 978-1-55885-690-5 (alk. paper)
[1. Lost and found possessions—Fiction. 2. Spanish language materials—Bilingual.]
I. Title. II. Title: País de las cosas perdidas.
PZ73.B825 2011
[E]—dc22

2010033952
CIP

∞ The paper used in this publication meets the requirements of the American National Standard for Permanence of Paper for Printed Library Materials Z39.48-1984.

Text Copyright © 2011 by Dina Bursztyn
Illustrations Copyright © 2011 by Dina Bursztyn

Printed in China in October 2010–December 2010 by Creative Printing USA Inc.
12 11 10 9 8 7 6 5 4 3 2 1

for Julie
para Julie

I was going to draw, but my blue pencil was missing.
It was lost! Where do all the lost things go?

Quería dibujar pero no encontré mi lápiz azul.
¡Se había perdido! ¿Adónde van las cosas perdidas?

   I looked inside the pencil box. It was empty, but there was a slim ray of light.

   I looked through the crack and saw a narrow path. It was the path to the Land of Lost Things. I went in.

Busqué adentro de la caja de lápices. Estaba vacía, pero había un rayito de luz.

Miré por la grieta y vi un camino angosto. Era el camino al País de las Cosas Perdidas. Entré.

I arrived at the Forest of Lost Blue Pencils.

Llegué al bosque de los Lápices Azules Perdidos.

I tried to pull one pencil and a drop fell. It grew until the whole page turned blue.

Traté de arrancar un lápiz y cayó una gota. Creció hasta que toda la página se puso azul.

Luckily, I had an eraser in my pocket. Behind the blue, the sun was setting. But it wasn't the sun. It was a golden button I had lost a long time ago.

Por suerte, tenía una goma de borrar en el bolsillo. Borré y detrás del azul, el sol se estaba poniendo. Pero no era el sol. Era un botón dorado que había perdido hacía mucho tiempo.

Then I saw a green centipede and a butterfly of many colors.

Después vi un ciempiés verde y una mariposa de muchos colores.

But it wasn't a centipede. It was the green comb I had lost.
I started to comb my hair and the butterfly came closer.
But it wasn't a butterfly. It was a pair of scissors I had lost.

Pero no era un ciempiés. Era el peine verde que había perdido.

Empecé a peinarme y la mariposa se acercó. Pero no era una mariposa. Eran las tijeras que había perdido.

I cut a hole in this page, and I fell in. Along with many lost and falling things, I was lost, too!

Hice un agujero en esta página y me caí dentro. Junto a muchas cosas perdidas que iban cayendo, ¡yo también estaba perdido!

At the bottom there was a yellow eye looking at me. But it wasn't an eye. It was a flashlight I had lost, shining on a narrow path.

Desde el fondo me miraba un ojo amarillo. Pero no era un ojo. Era una linterna que había perdido que estaba iluminando un camino angosto.

I followed the path to the Mountain of Lost Mittens . . .

Seguí el camino hacia la Montaña de los Guantes Perdidos . . .

. . . through the Garden of Lost Umbrellas.

. . . por el Jardín de los Paraguas Perdidos.

Up above a flock of lost socks was playing in the wind.
I caught one.

Arriba, una bandada de calcetines jugaban en el viento. Atrapé uno.

I was going to put it on, but the sock had a hole.
I peeked through the hole and I was back looking inside
my pencil box, but still no blue pencil.

Me lo iba a poner, pero tenía un agujero.
Miré por el agujero, y estaba de vuelta, mirando dentro de
la caja de lápices. Pero el lápiz azul seguía faltando.

I start to draw with a brown pencil. I wonder where it will take me.

Empiezo a dibujar con un lápiz café. Me pregunto adónde me llevará.

Dina Bursztyn is a writer and visual artist. She has been creating and illustrating her own stories since she was seven years old. She was born in Argentina, and graduated with a degree in literature, and on her own she learned how to sculpt, draw and paint. She exhibits her work in galleries and museums and has made many permanent public art pieces, for a school, a park, a train station, among other places. Dina has worked in numerous arts education programs for elementary school students. She lives in New York City and in the Hudson Valley. *The Land of Lost Things / El país de las cosas perdidas* is her first Piñata book. To see more of her work, please visit DinaBursztyn.com

Dina Bursztyn es escritora y artista plástica y desde que tenía siete años inventa e ilustra cuentos. Nació en Argentina y se recibió de Licenciada en Letras. Aprendió sola a esculpir, dibujar y pintar. Sus trabajos se exhiben en galerías y museos; también ha realizado muchas obras de arte público, para una escuela, un parque, una estación de trenes y otros lugares. Dina ha trabajado en numerosos programas educativos para enseñar artes plásticas y literarias a estudiantes de escuelas primarias. Vive en la ciudad de Nueva York y en el Valle del Hudson. *The Land of Lost Things / El país de las cosas perdidas* es su primer libro Piñata. Para ver más de sus obras, favor de visitar DinaBursztyn.com

KILGORE MEMORIAL LIBRARY YORK, NE 68467